Ansiedad

Manual personal para vencer la ansiedad, la depresión, los ataques de pánico y las fobias

(Deshacerse del estrés, fobias, ansiedad y ataques de pánico por completo)

Fariol Muro

Publicado Por David kruse

© **Fariol Muro**

Todos los derechos reservados

Ansiedad: Manual personal para vencer la ansiedad, la depresión, los ataques de pánico y las fobias (Deshacerse del estrés, fobias, ansiedad y ataques de pánico por completo)

ISBN 978-1-989744-19-2

absoluta del lector receptor. Bajo ninguna circunstancia se hará responsable o culpable de forma legal al editor por cualquier reparación, daños o pérdida monetaria debido a la información aquí contenida, ya sea de forma directa o indirectamente.

Los respectivos autores son propietarios de todos los derechos de autor que no están en posesión del editor.

La información aquí contenida se ofrece únicamente con fines informativos y, como tal, es universal. La presentación de la información se realiza sin contrato ni ningún tipo de garantía.

Las marcas registradas utilizadas son sin ningún tipo de consentimiento y la publicación de la marca registrada es sin el permiso o respaldo del propietario de esta. Todas las marcas registradas y demás marcas incluidas en este libro son solo para fines de aclaración y son propiedad de los mismos propietarios, no están afiliadas a este documento.

TABLA DE CONTENIDO

Parte 1 1

Capìtulo1: ¿Por Qué Seguir La Ruta Natural? 2

Capítulo2: Aceites Esenciales Para El Alivio De La Ansiedad Y El Estrés 4

¿CÓMO AYUDAN LOS ACEITES ESENCIALES CON LA ANSIEDAD? 5
ACEITES ESENCIALES PARA LA ANSIEDAD Y COMO USARLOS 6
ALGUNAS FORMAS DE USAR ACEITE DE LAVANDA: 6
ALGUNAS FORMAS DE USAR ACEITE DE MADERA DE CEDRO:........... 8
ALGUNAS FORMAS DE USAR EL ACEITE DE EUCALIPTO 9
ALGUNAS FORMAS DE USAR EL ACEITE DE ROSA 10

Capitulo 3: Meditación Para Aliviar La Ansiedad 12

QUÉ ES LA MEDITACIÓN? 12
TIPOS DE MEDITACIÓN 13
CÓMO PRACTICAR LA MEDITACIÓN CONCENTRACIÓN..................... 14
CÓMO PRACTICAR LA MEDITACIÓN CONSCIENTE 15
CÓMO PRACTICAR LA RESPIRACIÓN UJJAYI 17

Consejos Para Comenzar La Meditación 18

Capitulo 4: Ejercicio Para Aliviar La Ansiedad.................... 21

LA IMPORTANCIA DE APARTAR UN TIEMPO PARA EJERCITARSE 23

Capitulo 5: Cambia Tu Estilo De Vida Para Patearle El Trasero A La Ansiedad 25

Hábito 1: Limita El Alcohol.. 25
CÓMO EMPEORA EL ALCOHOL LA ANSIEDAD? 26
Hábito 2: Limita La Cafeína 27
Hábito 3: Comer! 27
Hábito 4: Disminuye El Desplazamiento De Las Redes Sociales.. 28

Cómo Causan Ansiedad Las Redes Sociales?..................... 29

CELOS Y SENTIMIENTOS DE INDIGNIDAD 29
CONSUMIENDO EL TIEMPO 30

Hábito 5: Invierte Más Tiempo En Compañía 30
Hábito 6:10 Cosas Por Las Que Estés Agradecido 31
Hábito 7: Encuentra Algo Que Te Guste Hacer 32
Hábito 8: El Sol En Tus Hombros 33
Hábito 9: Racionalizar 33

Capitulo 6: La Importancia De Tener Metas 36

Cómo Establecer Metas Efectivamente 36

Capitulo 7: Conclusión 41

Parte 2 43

Introducción 44

Tipos De Trastorno De Ansiedad 45

I. Trastorno De Ansiedad Generalizada (Tag) 46
II. Trastorno Obsesivo Compulsivo (Toc) 48
III. Trastorno De Pánico 51
IV. Trastorno De Estrés Postraumático (Tept) 55
V. Trastorno De Ansiedad Social (Tas) 57
VI. Fobias Específicas 58
Diferentes Fobias: 59
VII. Trastorno De Ansiedad Por Separación 60

Síntomas Generales De Los Trastornos De Ansiedad 62

Causas De Los Trastornos De Ansiedad 64

Diagnóstico De Trastorno De Ansiedad 67

Tratamiento Y Gestión De Trastornos De Ansiedad 70

Prevención De Trastornos De Ansiedad 79

Parte 1

CAPÌTULO1: ¿POR QUÉ SEGUIR LA RUTA NATURAL?

Hay muchas razones que amenazan tu cuerpo holísticamente es más efectivo, más que cuidar el aspecto físico, de sentirse ansioso. Es necesario trabajar en sanar desde adentro hacia afuera, no sólo disimular el problema con antidepresivos u otra medicación.

Primeramente, nuestro cerebro y cuerpo son altamente capaces de adaptarse. Por ejemplo, cuando vives en un clima más cálido, tu piel produce naturalmente más melanina para protegerte del sol. No sigues con la piel limpia y tomas medicinas para soportar el sol. Lo mismo sucede con los sentimientos de ansiedad. Tu cuerpo se adapta a esa medicina, y se vuelve dependiente de ella como una función normal. Cuando la medicina pasa o tú decides dejar de tomarla, podrías encontrarte a ti mismo exactamente donde comenzaste. Esto es porque, aunque es la ruta más difícil, tratar tu ansiedad naturalmente te traerá alivio a largo plazo, y sin dependencia.

Enseñar a tu cuerpo y mente a soportar es un desafío, pero la fortaleza y confianza que te genera son valederas. Tratar la ansiedad naturalmente involucra cambios como reentrenar tu cerebro para pensar de una forma más positiva, terminar con hábitos destructivos, ejercitándose y una fundamental óleo terapia.

CAPÍTULO2: ACEITES ESENCIALES PARA EL ALIVIO DE LA ANSIEDAD Y EL ESTRÉS

¿Qué son los aceites esenciales?

Los aceites esenciales son los derivados puros de las plantas de las cuales se extraen. El resultado es un aceite altamente concentrado. Los aceites esenciales son una forma saludable y natural de calmar a tu cuerpo mental y físicamente. Las moléculas en lo aromas de los aceites son capaces de afectar tu cerebro, y controlar los sentimientos de estrés y ansiedad. También tienen la habilidad de cambiar el ritmo cardíaco, la presión sanguínea y la función en tu sistema inmunológico.

¿Cómo ayudan los aceites esenciales con la ansiedad?

Cuando los aceites esenciales ingresan a tu cuerpo, tienen increíbles efectos curativos. Las moléculas de la fragancia del aceite viajan a través de tu sistema olfativo (uno de los sistemas sensoriales responsable del sentido del olfato) y hace que tu cerebro combata esos sentimientos de ansiedad y estrés. Tu sistema límbico está conectado a ciertas partes de tu cerebro, que también afectan la presión sanguínea, el equilibrio de las hormonas y el nivel de estrés. Los aceites esenciales actualmente se pueden usar o inhalar usando aromaterapia para aliviar la ansiedad. Para agregar a sus capacidades de destacados sanadores, tu cuerpo puede absorber y dispersar sus poderes sanadores a los cinco minutos de exposición.

Aceites esenciales para la ansiedad y como usarlos

Hay muchos aceites que se pueden utilizar para tratar tu ansiedad. Aquí hay una lista de los que encontré más efectivos, y como los usaba:

* **<u>Aceite esencial de lavanda:</u>**Este es uno de los más efectivos en el tratamiento de la ansiedad. Este aceite puede mejorar la concentración, calmar la ira e irritabilidad y también fomenta la relajación que combate el insomnio. En mi experiencia, este aceite:

Algunas formas de usar aceite de lavanda:

* **Tópicamente:** Coloca de dos a tres gotas en tus muñecas y frótalas juntas, como si estuvieras poniéndote perfume.

- ❖ **Usa un difusor:** Puedes hacer esto usando un difusor de aceite, el cual puedes encontrar en muchas tiendas online.

- ❖ **En tu baño:** Toma un baño caliente y agrega un par de gotas de lavanda al agua. Mientras el vapor del cálido baño difundirá el aceite y permite que el suave aroma llene el cuarto, tu cuerpo también absorberá algo de esto mientras te relajas en el baño.

- ❖ **Sobre tu funda de almohada:**Pon un par de gotas en la funda de tu almohada para que el aroma te ayude a caer dormido, y a permanecer dormido.

- ❖ **<u>Aceite esencial de madera de cedro</u>:** Un aceite esencial que fomenta la liberación de serotonina, que es un neurotransmisor en tu cuerpo que regula el humor. También este aceite ayuda a regular el apetito. Esto es beneficioso porque en algunos casos los sentimientos de ansiedad pueden causar pérdida de apetito. El aceite de madera de cedro también ayuda si tienes problemas para dormir. En mi experiencia, este aceite también me trae sentimientos de confianza. Este aceite me da una sensación de poder para superar mi estrés y ansiedad.

Algunas formas de usar aceite de madera de cedro:

* **Como loción de masajes:** mezclar ¼ de taza de aceite de coco con doce gotas de aceite de madera de cedro, y agregar seis gotas de aceite de esencia de naranja. Masajea tus pies, brazos y cuello antes de ir a la cama y desplázate lentamente para dormir.

* **Como un humectante:**Agrega un par de gotas de aceite de madera de cedro a tu loción corporal sin aroma favorita, o mezcla algunas gotas con aceite de almendras. Úsalo para humectar tu

cuerpo tanto como para aprovechar sus propiedades curativas.

❖ **<u>Aceite esencial de eucalipto</u>**: El fuerte aroma de este aceite elimina el estrés y te da un aumento de energía. Este es mi aceite favorito cuando me siento perezoso o mentalmente exhausto por el estrés y la ansiedad. Esto es lo perfecto que me lleva a deshacerme de esos sentimientos de tristeza.

Algunas formas de usar el aceite de eucalipto

❖ **En tu ducha:** Prepara un baño cálido y tapa el drenaje. Agrega de tres a cinco gotas de aceite de eucalipto al agua y deja correr el agua. Esto difundirá el aceite y llenará tu ducha con aroma vigorizante. Estarás listo para encarar todo lo que se atraviese en tu camino!

❖ **Como aire ambientador:** Despeja tu espacio de energía negativa y usa este aceite como ambientador.

Simplemente mezcla veinte gotas de aceite de eucalipto con ocho cucharadas de agua en una botella aerosol. Use esto para traer positividad a cualquier espacio, ya sea su dormitorio, su auto o su oficina.

* **<u>Aceite esencial de rosa</u>:** Este aceite es uno de mis favoritos cuando necesito aumentar la positividad. También, este aceite amplifica mi confianza debido al aroma, para mí, muy femenino. El aceite de rosa también se usa para incrementar los sentimientos de paz y bienestar.

Algunas formas de usar el aceite de rosa

* **Aerosol corporal para después del baño:** Como una cereza arriba después de una ducha refrescante, mezcle algunas gotas de aceite de rosa con agua en un rociador. Luego, rocíelo en su cabello, en su cuerpo e incluso en su ropa para dejarse a usted mismo la

sensación de limpieza de todas aquellas energías negativas y estrés.

❖ **Como perfume:** Frota dos o tres gotas de aceite de rosas en tus muñecas y cuello para un aroma de aumento de confianza para seguir en todo el día.

Los aceites esenciales son una poderosa y versátil manera de liberar tu cuerpo de la ansiedad. Los aromas y propiedades de estos aceites son esenciales en tu receta de auto cuidado. En el próximo capítulo aprenderás como la meditación puede librar tu cuerpo y mente de la ansiedad. También aprenderás que puedes incorporar el uso de los aceites esenciales para la práctica de la meditación para una experiencia tranquilizadora.

CAPITULO 3: Meditación para aliviar la ansiedad

Es naturalmente humano preocuparse, pero cuando esas preocupaciones te consumen e inhiben tu vida cotidiana, entonces sabes que es hora de controlar tu mente. La meditación es una herramienta altamente efectiva para controlar tu mente y tus patrones de pensamiento. Cuando tienes la mente atrapada con pensamientos ansiosos, te cerebro está condicionado a pensar negativamente. Tu reacción automática es pensar en el escenario de lo peor. Este es un ciclo vicioso, y que parece imposible de romper. No te desanimes, tienes el poder de demoler tus inhibiciones y recuperar tu mente.

Qué es la meditación?

Simplemente, meditación es la práctica de conciencia. Es la conciencia de tus pensamientos, de tu cuerpo y de quién eres. La meditación involucra liberar tu mente del abundante caos que hay en el mundo exterior, y enfocarte en la condición de tu propio espíritu. Es fácil quedar atrapado en lo que está sucediendo externamente, y la meditación te enseña que tú estás aparte de los pensamientos corrientes. Hay diferentes formas de practicar meditación, todas de las cuales se enfocan en diferentes tipos de plena atención. Todas ellas son beneficiosas para superar la ansiedad.

Tipos de meditación

Meditación concentración: Esta forma de meditación involucra enfocarse en un sólo asunto, y absolutamente nada más. Puede ser una idea, una meta, tu respiración o incluso escuchar repetidamente una canción. Cuando descubres que tu atención está cambiando, tu propósito es reenfocar inmediatamente tu mente en el propósito elegido. Con la meditación concentración estás entrenando tu cerebro para concentrar y estar presente con una idea y no dejar que tus pensamientos te lleven hacia un lugar ansioso.

Cómo practicar la meditación concentración

- Siéntate o recuéstate en una posición cómoda
- Elige tu punto y cierra tus ojos
- Repite tu meta o idea repetidamente fuerte en tu mente("soy valioso", "estoy saludable", "no estoy en mis pensamientos")

- Para tu respiración, inhala y exhala de manera que sea natural para ti. Enfócate en como dejar respirar tu nariz y boca, y siente que tu pecho aumenta y cae.

Meditación consciente: Un tipo de meditación que entrena tu cerebro para que se libere de prejuicios. La meditación consciente involucra sentarse y dejar que tus pensamientos fluyan libremente.

Cómo practicar la meditación consciente

- Siéntate o recuéstate en una posición cómoda con los ojos cerrados.
- Deja fluir tus pensamientos libremente.
- Cuando un pensamiento se te cruza NO LO JUZGUES. No te enloquezcas pensando en esto ni reacciones a esto. **Simplemente identifícalo.** Di a ti mismo: "Este es un pensamiento

positivo/negativo/inútil. Luego pregúntate a ti mismo: "Por qué estoy pensando esto?", "Es algo acerca de lo que puedo hacer ahora?"

Tu objetivo aquí es entender que los pensamientos no te controlan. Por identificarlos y entenderlos ganas poder sobre tu mente. Tus pensamientos no son los que te molestan, pero influyen bastante en la reacción que desencadena en ti.

Meditación respiración: La meditación respiración está centrada en, adivinaste, tu respiración. En hacer, entonces, que tu cerebro se concentre en algo más que el caos de tus pensamientos. Cuando te sientes ansioso, tu respiración se acelera y sientes que no recibes suficiente aire. Respirar profundo beneficia a tu cuerpo porque envía señales de calma a todo tu sistema nervioso. Esta forma de meditación es simple, y puede incluso hacerse en el trabajo. La técnica de respiración que he usado siempre para aliviar la ansiedad es una que aprendí en clase de yoga. Se llama "Ujjayi".

Cómo practicar la respiración Ujjayi

- En una posición cómoda, cierra tus labios y respira profundo a través de tu nariz.
- Exhala a través de tu nariz, haciendo salir tu respiración en los últimos seis segundos.

El principio detrás de este tipo de respiración es que hace que tu respiro suene como las olas del océano. Esto disminuye tu aceleración cardíaca y re centra tu mente con cada respiro. Este tipo de respiración se puede usar en sí misma, o cuando estés practicando meditación concentración.

Consejos para comenzar la meditación

❖ *<u>Meditar es difícil.</u>* Vivimos en un mundo donde estamos constantemente reaccionando, como si fuera una historia que oímos en TV o una foto que vemos online. Siempre se forman opiniones e ideas que son etiquetadas como positivas o negativas. Aquietar tu mente va a ser difícil, pero no te desanimes. Con bastante dedicación y práctica se volverá natural y te emocionarás tú mismo de liberar tu mente del ruido en el mundo.

❖ Cuando comienzas primero, no te obligues a ti mismo a sentarte incómodamente por una hora porque eso es lo que los más famosos yoguis están haciendo. La clave estar cómodo y abierto a la positividad que la meditación te trae. Estar incomodo es contraproducente en la práctica de la meditación.

❖ Libera tus expectativas. No empieces la práctica de la meditación esperando tener una epifanía o cura mágica de todas tus ansiedades.

❖ Comienza por meditar sólo tres minutos por día. Puedes trabajar a tu manera en invertir más tiempo en cómo mejorar y estar más cómodo.

❖ Si no sabes absolutamente donde comenzar, prueba escuchando alguna meditación online o en tu teléfono.

❖ Para incorporar aceites esenciales a tu rutina de meditación, mezcla tu aceite favorito con un poco de agua en un rociador. Rocíalo alrededor de donde te sientas y acuestas. Esto agregará a una experiencia pacífica y de limpieza. Mis aceites favoritos que uso para esto son limón y naranja mezclados!

La meditación es MUY valiosa. Si eres como yo estás sacudiendo tu mente al pensar: "Cómo se supone que debo ubicarme y pensar para calmar mis pensamientos más acelerados?". Pero te prometo que con práctica y perseverancia, cosecharás los beneficios de la meditación y disminuirás tu ansiedad.

CAPITULO 4: Ejercicio para aliviar la ansiedad

Ejercitarse tiene beneficios increíbles para tu cuerpo y mente. Cuando te estás sintiendo estresado, tu cuerpo y mente lo sienten también. Esto es porque el cerebro tiene conectados varios nervios a otras partes de tu cuerpo que se sienten tensos y ansiosos. El ejercicio naturalmente produce endorfinas que mejoran tu humor. Adicionalmente, la actividad física promueve la circulación enviando oxígeno a tu cerebroy limpiando tu mente. El ejercicio también te hace eliminar todas tus toxinas, asique es increíblemente saludable para tu cuerpo. Aquí hay algunas de mis formas favoritas para romper el sudor y limpiar mimente:

<u>Hacer caminatas:</u> Mi ejercicio preferido de estímulo de humor. Es una forma grandiosa de llegar al exterior y cosechar todos los beneficios que la calma natural tiene para ofrecer. El sol en tu cara, el olor de los árboles y flores rodeándote y los pájaros cantando. Es una forma maravillosa de entrar en contacto con tus pensamientos y dejar afuera el abrumador ruido del mundo. Hacer caminatas es bueno para tu cuerpo porque involucra colinas y terrenos desparejos, asique tu mente está ocupada mientras llega del punto A al B. hacer caminatas te dará paz, y la libertad que necesitas de tus pensamientos corrientes.

Yoga: Siendo que el estrés y la ansiedad matan la actividad, yoga implica estiramiento y respiración profunda. Las variaciones en las posiciones del yoga concientizan a los músculos de que puedes no usarlos diariamente. Para mí personalmente, yo llevo mi estrés en mi cuello y hombros. Yoga te ayuda a estirar aquellos músculos y alivia la tensión de mi cuerpo. Otro aspecto importante del yoga es que se enfoca en el interior también.

Enfocarse en respirar también es importante en la práctica del yoga.Esto asegura que entregues suficiente oxígeno a tus músculos cuando los estires. El yoga y la meditación se pueden combinar para una mejor experiencia en el alivio de la ansiedad.

<u>Otras emocionantes formas de ejercitarse</u>: Bailar, andar en bicicleta, ir a nadar, tomar clases de ballet. Encuentra una forma de sentirte bien tú mismo y disfruta haciéndolo. Si fueras como yo, te aburrirías en una sesión de ejercicios en una rueda de andar.También, otra buena manera de patearle el trasero a la ansiedad es simplemente salir a caminar por el parque, por el centro o la tienda.

La importancia de apartar un tiempo para ejercitarse

Es crucial para tu salud mental tomar tiempo para ti. Disfrutar una actividad que calme el estrés y la ansiedad porque te estás cuidando a ti mismo. La mayor parte de nuestras vidas atendemos las necesidades de otras personas, como si fuera nuestro trabajo cuidar de la familia y amigos. Frecuentemente dejamos escurrir nuestros sentimientos y no les damos importancia. El ejercicio es una forma de auto cuidado que puede ser terapéutica, y te puede recuperar los sentimientos haciéndote mejor.

Una simple sesión de ejercicios puede calmar tu ansiedad por horas. Transpirar mejorará tu humor y te hará sentir realizado. Ejercitarme es mi forma preferida de salirme de la ruta de la ansiedad. Sigue leyendo para aprender cómo hacer que cambie tu estilo de vida para que te sientas que estás en la cima del mundo.

CAPITULO 5: Cambia tu estilo de vida para patearle el trasero a la ansiedad

La ansiedad puede causar sentimientos de desesperanza, desinterés, descontrol, y hacerte perder el sentido de quién eres. Te hace llegar a una comodidad que se va rápido y te hace sentir peor al final. Hay muchos hábitos que has formado en tu vida que podrían empeorar tus sentimientos de ansiedad y estrés.

Hábito 1: Limita el alcohol

El alcohol no es algo terrible.Es normaldisfrutar un par de tragos cuando sales con amigos o por una celebración. Te hace sentir más confiado y menos preocupado. Esto es porque en realidad el alcohol deprime tu sistema nervioso central. Sin embargo, el alcohol se vuelve un tema cuando se usa como un escape, si tomas cuando te sientes decepcionado o desesperanzado.

Cómo empeora el alcohol la ansiedad?

El alcohol aumenta temporalmente el nivel de serotonina que tu cuerpo produce. Y luego decae cuando el alcohol deja tu cuerpo. La serotonina es un neurotransmisor en tu cerebro que afecta tu humor. Cuando el alcohol pasa, te sientes incluso más ansioso y deprimido que antes. Los sentimientos de enfermedad y preocupación te indujeron a tener resaca y hacerte sentir más inestable. Cuando tomas alcohol frecuentemente, tu cerebro en realidad se reconecta sólo para contrarrestar la inhibición (estar borracho) por desarrollar tu tolerancia al alcohol. Lo que sucede desde que eres capaz de tomar alcohol sin sentir los efectos, es que te llevará a tomar cada vez más cantidades.

Si estás teniendo problemas con la ansiedad, considera disminuir el consumo de cafeína. El café, y algunos tés fuertes, pueden causar un aumento de presión sanguínea, que puede afectar tu ritmo cardíaco. Si estás luchando con la ansiedad, muy posiblemente te sientas inestable y nervioso. La cafeína puede aumentar esos sentimientos. También, la cafeína bloquea el neurotransmisor de tu cerebro que te hace sentir cansado, asique puede afectar tu sueño y mantenerte despierto.Trata de reemplazar tu taza de café en la mañana por una taza de té. Yo personalmente prefiero el café, pero no lo necesito para funcionar. Sólo que me gusta una taza de algo caliente en la mañana. Comencé a sustituirla por una taza de té caliente con poca o sin cafeína.

Hábito 3: Comer!

La ansiedad puede causarte pérdida de apetito. Sin embargo, esto es peligroso porque no proveer a tu cuerpo con los nutrientes que necesita puede empeorar la forma en que te sientes. El azúcar de tu sangre disminuye y tu cuerpo puede temblar y debilitarse. Esto lleva a sentimientos de enfermedad y a aumentar sentimientos de pánico. Siempre asegúrate de estar comiendo lo suficiente, incluso si estás comiendo algún tentempié.

Hábito 4: Disminuye el desplazamiento de las redes sociales

Somos culpables de esto, de desplazarnos a través de las redes sociales cuando tenemos un segundo demás. Me encuentro yo mismo desperdiciando mucho tiempo admirando fotos, artículos, tweets, videos… todo lo que Internet tiene para ofrecer. Después de estar en las redes sociales por un momento, yo mismo me siento más frustrado y ansioso que antes.

Cómo causan ansiedad las redes sociales?

Celos y sentimientos de indignidad

Las redes sociales son una maravillosa herramienta para conectare con gente, pero también es una herramienta para hacerte sentir incumplido y celoso. Ver fotos de otras personas en aventuras, con sus significados, puede hacer que nos preguntemos:>."Por qué no estoy comiendo saludable o en lujosas vacaciones? No debo ser tan exitoso y saludable como esa persona". Esos son algunos de los pensamientos que se han atravesado en mi mente. Esa celosía me llenó de dudas y me perdí en el peligroso mar de compararme con otros. Esto empeoró mis sentimientos de desesperación y ansiedad, y por alguna razón no pude para de continuar en las redes sociales. Tienes que entender que las redes sociales son el rollo que refleja los momentos de la gente; todos tienen sus luchas y tristezas, la vida de nadie es perfecta.

Consumiendo el tiempo

Las redes sociales pueden consumirte todo el día. Por sumar aquellas horas en las que pasas tu tiempo revisando tu teléfono en tus intervalos en el baño, probablemente tienes más horas que pasas en tu teléfono. Esto te puede causar decepción contigo mismo por haber desperdiciado tu tiempo en lugar de invertirlo siendo productivo, lo cual te llevará a una mayor frustración y ansiedad contigo mismo. No caigas tú mismo en esta trampa. No es saludable para ti y no cultiva el crecimiento que quieres lograr.

Hábito 5: Invierte más tiempo en compañía

Si eres como yo, entonces tu ansiedad causará que quieras estar sólo. Mientras la soledad es saludable, estar mucho tiempo sólo puede hacer que pienses demasiado. Analizar constantemente cada situación o cada interacción con la que te encuentras puede empeorar tu ansiedad. Pasar tiempo con la gente que quieres es una buena manera de salir de tu propia cabeza y alimentar su positividad. Rodearte de gente que te cuida aumenta tu autoimagen y confianza. Si la gente con la que sales te tira abajo y aumenta tus preocupaciones, es tiempo de reconsiderar tu grupo. Buenas personas son aquellas que te cuidan y que quieren estar contigo sin importar lo que sientas.

Hábito 6:10 cosas por las que estés agradecido

Si eres propenso a la ansiedad, es común para ti enfocarte en los aspectos negativos de tu vida. Las positivas se pasan más por alto de lo que no. Una forma maravillosa de combatir este hábito es escribir diez cosas por las que estás agradecido cada día. Puedes hacer esto en la mañana para sentirte positivo al segundo de despertar, lo cual te pondrá a tono para el resto del día. Puedes hacer esto en tu cama al final del día para dormirte con una sonrisa en tu cara.

Hábito 7: Encuentra algo que te guste hacer

Los sentimientos de desesperación y ansiedad pueden robarte tu creatividad y expresión. Como humano, es importante que sientas que estás poniendo tus energías hacia algo que estás orgulloso. Quieres sentirte valioso, complacido, visto e importante. Encuentra un pasatiempo o actividad extracurricular en la que sientas que expresas TUS valores y TUS intereses. Pinta, escribe, comienza un club de lectura, ingresa a un concurso de escritura, comienza un diario... la lista sigue y sigue. Toma un tiempo cuando estás meditando o tienes un tiempo a solas para verdaderamente evaluar tus valores y descubrir aquello que te estimula.

Hábito 8: El sol en tus hombros

Es importante salir. El sol provee vitamina D para tu cuerpo la cual es esencial para tu salud. Cuando el sol brilla en tus hombros o tu cara, te sientes más vivo y activo. Esto puede ayudar a incrementar tu humor, como el sol de verdad aumenta tus niveles de serotonina. La próxima vez que te sientes deprimido, da un paso afuera, encara al sol, y cierra tus ojos. Disfrútalo y siente el calor abrazando tu piel y déjala rejuvenecer.

Hábito 9: Racionalizar

Habituaba ser un dramatizador crónico. Cuando algo simple me salía mal, pensaba que era el fin del mundo. Cada situación, cada palabra que decía, cada error que cometía, pensaba en esto por horas, incluso días después. Finalmente me di cuenta una gran cantidad de esos "temas" que creía que tenía, los creé yo mismo. Nadie se preocupaba por los errores que cometía, incluso nadie los recordaba.

Todavía pasaba horas preocupándome por lo que otros podrían estar pensando de mí. Mi propia cabeza estaba creando esos problemas por mí. Decidí (y todavía estoy aprendiendo cómo) racionalizar. Cuando estoy preocupado por una situación me pregunto yo mismo:

* Puedo hacer algo para arreglar todo *ahora mismo?* (Si no hay nada que puedas hacer para solucionar todo *en este momento,* entonces no ha manera de preocuparse si se va a arreglar algo. Déjalo)
* Esta situación, está bajo mi control?
* Hice lo mejor en esa situación? Si lo hiciste y no funcionó, entonces estaba fuera de tu control.No te preocupes por eso.
* Mi salud está realmente en peligro? La ansiedad tiende a causar pensamientos irracionales de que estás enfermo o en peligro, o que algo se está cayendo a pedazos. Sigue recordándote a ti

mismo *que estás bien y que tus pensamientos no tienen control sobre ti a menos que tú los dejes que te molesten.*

❖ *Por qué me estoy sintiendo ansioso? Qué desencadenó este sentimiento?* Trata de identificar por qué estás preocupado. Este es el paso más importante. Identificar el problema te da el poder de quitártelo de encima, y evitará que te preocupes por cosas similares en el futuro.

Ser consciente de tus hábitos puede darte una vista más clara de lo que puede causar o empeorar tu ansiedad. Tan pronto como entiendas que la ansiedad está en tu propia cabeza, entenderás que tienes el poder de detenerla.Siempre recuerda ser amable contigo mismo. Estásaprendiendo y desarrollando tu capacidad de controlar tu mente.

CAPITULO 6: La importancia de tener metas

Vivir con ansiedad significa que lo desconocido se está acercando a tu mente. Sientes como que siempre hay algo de qué preocuparse.Una fecha límite, una discusión inconclusa, el trabajo, la escuela, todo!

Establecer metas y entender cómo alcanzarlas es la clave para aliviar tus ansiedades acerca de lo desconocido. Cuando tienes un plan en mente, sabes exactamente lo que necesitas hacer y no hay manera de que te sientas estancado y ansioso.

Cómo establecer metas efectivamente

1. **Identificarlas.** Descubre cuáles son tus metas a corto plazo, mediano plazo y de por vida. Qué quieres lograr hacer esta semana/mes?Con qué quieres

cumplir en los próximos seis meses? Qué quieres lograr de aquí a diez años? *No te limites.* Cuando tienes ansiedad tiendes a subestimar tus capacidades y tu valor. Escribe los más grandes, más extravagantes sueños y metas que piensas que no eres capaz de lograr. Darse cuenta de que tienes metas es el primer paso para lograrlas. Este es uno de los pequeños pasos que más cuenta.

2. **Hazlas de manera realista.** Esto no significa que te limites. Significa que te establezcas metas a un punto más alto que el que estás, pero no tan altas que estarás decepcionado cuando no puedas lograrlas. Tienes que trabajar gradualmente hacia tus metas.Por ejemplo, si no vas al gimnasio para nada, no te establezcas como primera meta "Ir al gimnasio cuatro veces por semana dos horas por día". Pronto te cansarás de estoy te vas a encontrar desanimado.

3. **Sé específico!**Ser muy específico con tus metas es muy necesario. Si tu meta está en el aire, entonces hay mucho margen de maniobra que te pueda guiar a desviarte de tu camino. Si tu meta es mejorar tu dieta, no sólo digas que tu meta "es comer mejor todos los días". Algo más productivo sería:"Comer fruta con cada comida".

4. **Escribe tus metas.** Si puedes físicamente *ver* tus metas en el papel, te da mucha más motivación para que seas más responsable. Sólo tener las metas en tu mente hace fácil que las descartes y te digas a ti mismo que comenzarás mañana a dirigirte hacia ellas.

5. **Lento pero seguro.** Establece un marco de tiempo para tus metas. Quieres que tu dieta cambie completamente en un mes? Si es así, cómo puedes trabajar para llegar a eso hoy? Siempre hay algo que puedes hacer para asegurarte de

llegar a tus metas, incluso si esta es a un año. Quieres tener tu propio blog para el año próximo? Comienza por escribir algo hoy, incluso si es sólo la idea de un tema para tu blog. Siempre hay algo que puedes hacer.

6. **Sé paciente.** No te sientas atrapado por el tiempo ni desees que vuele por el sólo hecho de ver tus metas ya cumplidas. El proceso de trabajar hacia tus metas hace que al lograrlas se valore. Aprendes autodisciplina, paciencia, trabajo ético y varias cosas que son fructíferas para tu crecimiento como persona y te curan la ansiedad. *Tútienes el control sobre tu vida.* Tú *puedes* elegir qué decisiones tomar. Tú *puedes* cambiar tus circunstancias.

Cumplir las metas que estableces en tu mente es extremadamente saludable para tu autoconfianza. Creer en ti mismo y verte capaz de manifestar tus sueños te dará dominio sobre tu ansiedad y no dejará que esta te controle. Tu mente puede engañarte en sentirte paralizado e incapaz de trabajar duro y ser exitoso.

CAPITULO 7: Conclusión

Mis más sinceros deseos de que hayas encontrado algo en éste libro que te haya prendido el foco. Que tú tuvieras el "ah ha!!", momento que hizo que te dieras cuenta de cuánto poder tienes. La ansiedad y el estrés son tramposos, y aparecen en la vida cotidiana de una forma muy sigilosa haciéndote creer que eres invencible. En muchas maneras, tu mente siendo tu más poderosa herramienta, puede ser también tu pero enemiga, y es todo para entrenar tu cerebro para estar de tu lado. Recuerda ser paciente y bueno contigo mismo. Estás aprendiendo y creciendo. Si no es problemático, entonces no se están haciendo cambios positivos en tu progreso. Recuerda que tu proceso de sanidad tomará tiempo, dedicación, y mucha fe completa en ti mismo. Siempre sabe que a pesar de lo que crees, hay gente que te quiere ayudar, te quiere ver brillar y sobresalir. Pero recuerda: *siempre tienes que estar ahí por ti mismo, incluso cuando nadie más está.* Tú eres capaz, sé que lo eres.

Si estás buscando más maneras de incorporar remedios naturales a tu vida, revisa mi otro libro sobre formas naturales de tratar tu acné!

Parte 2

Introducción

La ansiedad es una emoción común. Cualquier persona puede sentir ansiedad, especialmente cuando se está expuesto a una situación estresante. Sin embargo, para algunas personas la ansiedad está categorizada como un trastorno. Una persona normal reaccionará ante una situación de estrés en base a su capacidad personal de soportar presiones. Una persona con trastorno de ansiedad tendrá que lidiar con ello de forma diferente.

Una persona con trastorno de ansiedad sufre una enfermedad mental. Los trastornos de ansiedad pueden agobiar a la gente, dificultándoles vivir con normalidad. Pueden ocurrir en diferentes grados pero, ya sea en mayor o menor grado, el trastorno limitará a la persona afectada. Cause miedo, aprehensión, preocupaciones y nerviosismo, y a menudo puede impactar seriamente en la vida diaria de la persona.

En América, 19 millones de adultos sufren de ansiedad, mayormente son hombres. Muchos de estos casos comienzan pronto en la infancia, en la adolescencia o en los principios de etapa adulta, y pueden avanzar con la edad de la persona.

Tipos de trastorno de ansiedad

Hay diferentes tipos de trastornos de ansiedad. Cada uno de estos tipos se identifica con unos síntomas, diagnósticos y tratamientos. Si tu o algún conocido tuyo sufre de trastorno de ansiedad, es importante que sepas identificar el problema en concreto. Solo entonces podrás empezar a gestionar la enfermedad.

I. Trastorno de Ansiedad Generalizada (TAG)

El tipo de trastorno de ansiedad más común es el TAG. Es un trastorno crónico que involucra una preocupaciónexcesiva y constante sobre cualquier situación. Es una afección a largo plazo. Las personas con trastorno de ansiedad se preocupan o tienen miedo de prácticamente todo, principalmente en temas familiares, de salud, dinero, trabajo o educación. Para la gente que lo ve desde fuera, sus miedos son irreales, a menudo desproporcionados, pero la persona afectada los considera graves y se los toma en serio.

En el Reino Unido, cerca de 1 de cada 25 personas sufre TAG. En Estados Unidos, unos 6,8 millones de personas, 3,1% de la población total, sufre TAG cada año. Esta enfermedad se desarrolla gradualmente desde la infancia hasta la mediana edad y puede empeorar en mujeres de edades comprendidas entre los 35 y 55 años.

Síntomas:

Mareo

Boca reseca

Problemas de sueño

Sudor en exceso

Fatiga o cansancio

Molestias gastrointestinales o diarrea

Falta de concentración

Irritabilidad o inquietud

Incapacidad para controlar la ansiedad o las preocupaciones

Insomnio

Palpitaciones (latido del corazón rápido e irregular)

Tensión y dolor muscular

Cuadros de ansiedad y preocupación prolongada de un periodo de 6 meses o más

Paranoia y sensación de estar al límite

Dolor de estómago

Temblores (con pinchazos y hormigueos)

Si el afectado muestra tres o más de estos síntomas durante un periodo de tiempo prolongado, puede que sufra TAG. Debido a sus emociones, cualquier afectado se sentirá obligado a evitar el contacto con otras personas. Sin embargo, merece la pena mencionar que si los síntomas son moderados, un paciente puede ser capaz de continuar viviendo con normalidad. Pueden llevar una vida social e incluso encontrar un puesto de trabajo estable siempre y cuando sean capaces de comprender su situación.

II. Trastorno Obsesivo Compulsivo (TOC)

Los pacientes con Trastorno Obsesivo Compulsivo (TOC) están agobiados por una compulsión anormal que les fuerza a realizar rituales o rutinas. Están controlados por sus obsesiones o hábitos compulsivos y efectúan ciertas actividades para satisfacer estas necesidades.
 Una persona con TOC es normalmente consciente de que sus costumbres compulsivas son irrazonables e irracionales y el hecho de llevar a cabo sus rutinas es para aliviar su ansiedad. Creen en la

importancia de sus actos, por lo que siguen realizándolos.

Riesgos:

1. Si un TOCno se trata y se permite que evolucione y avance, puede afectar en la vida diaria de la persona para desarrollar sus funciones con normalidad. Puede interferir con su trabajo, el colegio y todo tipo de actividades sociales.

2. Si un niño desarrolla TOC, puede que no sea consciente de que esas costumbres u obsesiones compulsivas son extremas. Una persona tendrá que advertirlo desde fuera y corregirlo porque un niño no será capaz de saber cómo sobrellevar este trastorno.

Síntomas:

OBSESIONES: Estas obsesiones envuelven un número de elementos, incluyendo la necesidad excesiva de ver las cosas ordenadas perfectamente o simétricamente, el miedo a los actos impulsivos que puedan destruir esa armonía y hacer daño a la persona, el miedo a hacer daño a otra persona ya sea intencionada o accidentalmente, el sentirse responsable de la seguridad de otros, la preocupación constante e irracional por la suciedad, gérmenes o contaminación, así como el dudar demasiado de manera irracional.

HÁBITOS COMPULSIVOS:una persona afectada normalmente va a llevar a cabo todo tipo de hábitos compulsivos que de otro modo serían considerados como actividades cotidianas, pero que en este caso reflejan este trastorno por la forma y la frecuencia en la que se realizan. Algunos hábitos compulsivos serían por ejemplo el lavarse las manos; limpiar objetos en casa un número específico de veces o por un periodo de tiempo excesivo; chequear y revisar objetos tales como relojes, interruptores o botones; repetir un nombre, una frase o palabra una y otra vez sin ningún motivo; apegarse a objetos que no tienen ninguna utilizad como gomas, revistas, periódicos, etc. y la repetición de una serie de rituales mentales.

III. Trastorno de Pánico

Una persona con trastorno de pánico va a experimentar un terror inmediato y repetitivo sin razón alguna. El pánico angustiará fácilmente a esta persona, la cual perderá el control, haciendo pasar una emoción de nivel moderado a nivel de peligro. Para una persona que sufre un trastorno de pánico, cualquier estimulo puede ocasionarle temblores, confusión, náuseas y mareos. El afectado se angustiará con el estímulo y entrará en un ataque de pánico.

Debida a la naturaleza de la reacción de cada persona, esta afección puede ser potencialmente mortal ya que los ataques de pánico pueden ser demasiado fuertes para ser soportados.

Síntomas:

Dolor de pecho
Mareos y aturdimiento
Necesidad de escapar
Miedo a perder el control y volverse loco
Palpitaciones en el corazón
Sensación de estar en un grave peligro
Falta de respiración (y sensación de estar sofocado)
Sudores (sudores fríos)
Sensación de ahogo
Palpitaciones (latido del corazón rápido e irregular)
Temblores y escalofríos

Cómo gestionarlo

La mejor manera de gestionar un ataque de pánico a nivel personal es siguiendo los siguientes pasos (tanto en solitario como con la ayuda de otra persona):

Paso 1: Ejercitala habilidad para calmarte. Hay un número de cosas que pueden ayudar a calmarte o mantenerte relajado durante un ataque. Entre ellas se encuentra la respiración, el hablar con alguien, hablar con uno mismo, etc.

Paso 2: Practica la recreación de los síntomas. Esto requiere que trates de recrear tus propios síntomas tal y como los recuerdas y los entiendes. Te pondrás en situación para poder practicar cómo controlarlos.

Paso 3: Haz una lista y puntúa las situaciones que te dan miedo. Hacer un listado de tus miedos no solo te acercará a tu trastornó sino que también te ayudará a anticiparte mejor al problema. Cuando conoces los detonantes, puedes bien evitarlos o bien prepararte para afrontarlos.

Paso 4: Identificar los detalles de las situaciones de miedo. Ayudará a identificar mejor los síntomas que están relacionados con tus miedos. No te limites a reconocer tus miedos, mejor examínalos en detalle para conocerlos en profundidad y entender tu afección.

Paso 5: Aprende de la práctica. Una vez que has pasado por el periodo de preparación, ahora deberías practicar cómo controlar tus ataques. La próxima vez que tengas un episodio, intenta aplicar lo que has aprendido. Puede que no salga bien a la primera pero habrás mejorado la forma de sobrellevar este tipo de situaciones.

Se estima que unos 6 millones de personas en América sufren trastornos de pánico cada año. Es algo que a menudo ocurre durante la temprana madurez y que es más común en mujeres que en hombres. Como se mencionó con anterioridad, algunos episodios de ataques pueden ser considerados un peligro para la vida. Esto hace que la detección temprana del problema sea crucial y destaca la importancia de estar informado de los síntomas.

IV. *Trastorno de Estrés Postraumático (TEPT)*

Un paciente que sufre Trastorno de Estrés Postraumático (TEPT) es alguien que se angustia con experiencias traumáticas del pasado. Podrían ser un desastre natural, una muerte o un ataque físico. Si el trauma es de gran magnitud, la persona podría ser incapaz de recuperarse. A menudo bombardeados con recuerdos de esas traumáticas experiencias, viven bajo la amenaza de estos recuerdos.

Síntomas:

Pesadillas o escenas retrospectivas sobre experiencias traumáticas pasadas
Dificultad de concentración
Dificultad para dormir
Cuidado extremo o estar demasiado alerta de lo que sucede alrededor
Irritabilidad
Reducido interés en el futuro
Evitar gente, cosas y lugares relacionados con la experiencia traumática

Unos 7,7 millones de americanos padecen el TEPT. El trastorno de estrés postraumático es más común en mujeres. Es normalmente más observado en personas mayores de 18 años, pero también lo pueden desarrollar niños. A menudo está relacionado con otros trastornos de ansiedad, depresión y abuso substancial. Cerca del 60% de las personas afectadas son víctimas de un tipo de trauma relacionado con la violencia de masas o con desastres naturales.

Tratamiento

A continuación se muestran algunos de los métodos empleados para tratar el TEPT:

1. Terapia de exposición: consiste en que el paciente se enfrente a sus miedos cara a cara. El terapeuta puede hacer que el paciente enfrente sus miedos bien mediante la escritura, imágenes mentales o exposición real.

2. Reestructuración cognitiva: si el TEPT se desarrolla debido a que la persona recuerda una versión errónea de la experiencia, el objetivo del tratamiento será cambiar ese recuerdo para que no siga causando problemas al paciente.

3. Inoculación de estrés: este tipo de terapia está diseñada para reducir los síntomas lidiando con la ansiedad.

4. Realidad virtual: en este tipo de tratamiento se construye un medio ambiente virtual para recrear la escena original y se expone al paciente a la experiencia traumática, siempre bajo control del terapeuta.

V. Trastorno de Ansiedad Social (TAS)

Es una fobia social que implica a una persona excesivamente insegura de si misma y preocupada sobre situaciones sociales, no importe lo insignificantes que sean. Normalmente una persona que sufre de TAS tiene miedo a ser juzgada. Se preocupan de hacer algo que pueda llamar la atención de la gente y de convertirse en la vergüenza y las risas de todo el mundo.

A veces está relacionado con la vergüenza en público y puede asociarse al miedo a la intimidad o al miedo a la humillación.

Síntomas

VI. Fobias Específicas

Algunas personas tienen fobias específicas. Sufren miedo a la altura, a volar, a las serpientes, a los espacios cerrados, a las arañas y a otras muchas cosas que para otras son triviales. Sus miedos son irracionales y normalmente no producen miedo en otras personas, pero la persona afectada los percibe con mucha gravedad.

Las fobias son diferentes a los trastornos de ansiedad generales porque la persona que tiene una fobia, solo lo tiene hace algo en concreto. Las fobias pueden estar asociadas a situaciones, objetos o animales.

Diferentes fobias:

Aracnofobia: miedo a las arañas
Acrofobia: miedo a las alturas
Agorafobia: miedo a los espacios abiertos
Bibliofobia: miedo a los libros
Cibofobia: miedo a la comida
Climacofobia: miedo a subir o bajar escaleras
Claustrofobia: miedo a los espacios cerrados
Dentofobia: miedo al dentista
Emetofobia: miedo a vomitar
Glosofobia: miedo a hablar en publico
Herpetofobia: miedo a los reptiles
Hipochondría: miedo a las enfermedades
Iatrofobia: miedo a los médicos
Cleptofobia: miedo a los ladrones

Misofobia: miedo a los gérmenes
Megalofobia: miedo a las cosas grandes
Nictofobia: miedo a la oscuridad
Ofidofobia: miedo a las serpientes
Ornitofobia: miedo a los pájaros
Pediofobia: miedo a las muñecas
Fobia social: miedo a la gente
Miedo escénico: miedo a actuar en público
Trianofobia: miedo a las agujas

Los ejemplos que hemos dado son tan solo algunas de las fobias más conocidas. Existen muchas más fobias ya que hay innumerables tipos de cosas que pueden dar miedo a la gente (y en algunos casos, los miedos son reales e incontrolables).

VII. Trastorno de Ansiedad por Separación

Una persona con Trastorno de ansiedad por separación es alguien que sufre un exceso de ansiedad cuando es separada de un lugar o de una persona. El afectado ve usurpado su confort, su seguridad y se siente desprotegido y con mucha ansiedad.

.

Síntomas Generales de los Trastornos de Ansiedad

A continuación, mostramos los síntomas generales de los trastornos de ansiedad. No todos los tipos de ansiedad tienen los mismos síntomas. Algunos van acompañados de todos los síntomas, mientras que otros puede que solo muestren unos pocos (a menudo en diferentes grados):

Dolor de espalda
Sensación de miedo constante, pánico e inquietud
Malestar estomacal
Dolor de pecho
Asfixia constante
Diarrea
Mareos
Boca seca o xerostomía
Facilidad para sobresaltarse o sorprenderse
Fatiga, apatía y agotamiento
Flashbacks de experiencias traumáticas
Micción frecuente

Dolor de cabeza

Palpitaciones en el corazón

Insomnio

Irritabilidad

Falta de concentración

Tensión muscular

Pesadillas

Entumecimiento

Pensamientos obsesivos

Palpitaciones

Inquietud o incapacidad para permanecer tranquilo

Comportamientos ritualistas

Falta de aliento

Sudoración o enrojecimientos

Hormigueo y entumecimiento de pies y manos

Temblores

Si se observa alguno de estos síntomas con frecuencia e intensidad, lo mejor sería diagnosticar y gestionar la afección. La ansiedad puede ser algo insignificante pero, cuando avanza de forma negativa, puede llegar a ser muy perjudicial. Es importante buscar el tratamiento apropiado, tanto para el afectado como para la gente que le rodea.

Causas de los Trastornos de Ansiedad

Mientras desconozcamos la causa de un trastorno de ansiedad, éste puede ser tratado como cualquier otra enfermedad mental.

-Como enfermedad mental, puede estar asociada a un carácter anormal, a una debilidad personal o a una educación deficiente. La falta de valores en una persona, puede afectar el desarrollo de estos trastornos.

- El desequilibrio cerebral ocasionado por carencia de ciertas sustancias químicas y hormonas puede también provocar un desequilibrio mental y un trastorno. El cuerpo necesita algunas sustancias químicas para funcionar eficientemente y, en su ausencia, se pueden desarrollar trastornos.

-Las disfunciones cerebrales relacionadascon alteraciones en los circuitos que gestionan las emociones y el miedo, en ocasiones puedenprovocar trastornos de ansiedad. Cuando en una persona hay una disfunción en la capacidad para controlar sus emociones, se desarrollan trastornos de ansiedad. A menudo está relacionado con la presencia de estrés severo por un periodo prolongado de tiempo. El estrés altera el estado de los nervios y ocasiona una disfunción en los circuitos. Además, la causa podría ser también la disfunción de los neurotransmisores cerebrales. Cuando hay una disfunción en la comunicación interna cerebral, pueden llegar síntomas de ansiedad.

- La genética siempre ha sido un factor significativo en lo relativo a trastornos mentales. Es importante remarcar que muchos de los casos de trastorno de ansiedad pasan en la familia de una generación a otra, y puede ser por el hecho de ser heredados.

- El estrés medioambiental también puede ocasionar el desarrollo de un trastorno de ansiedad. Aquí el problema será un desencadenante externo: una experiencia o afección demasiado intensa como para ser controlada. Un ejemplo de estos factores sería: el estrés de las relaciones sentimentales (amigos, matrimonio o divorcio), trabajo o colegio, motivos económicos, desastres naturales, falta de oxígeno, e incluso experiencias traumáticas.

- En ocasiones, las enfermedades pueden ser la causa de la ansiedad. Una persona con asma, anemia, problemas de corazón o con una infección, puede presentar síntomas similares a los del trastorno de ansiedad debido al estrés de su estado de salud. Los trastornos de ansiedad ocasionados por factores médicos pueden deberse a los efectos secundarios de la medicación, a la falta de oxígeno y al abuso de ciertas sustancias. La intoxicación y prescripción de medicamentos puede causar ansiedad.

Aunque necesariamente no sea la causa, a menudo el estrés es considerado un desencadenante importante en estos trastornos. El estrés es algo normal en nuestras vidas pero, cuando acontece de forma intensa, puede superarnos.

Diagnóstico de Trastorno de Ansiedad

Cuando una persona va o se piensa que va al médico por un trastorno de ansiedad, se debe tratar al paciente desde el primer momento en el que entra en la consulta:

Fase 1: Entrevista:es crucial, especialmente en el diagnóstico y tratamiento de un trastorno mental. Para identificar los síntomas y el calibre de la gravedad, el médico llevará a cabo una serie de preguntas diseñadas para evaluar al paciente. Durante la sesión, la familia y el historial médico también se tendrán en cuenta para determinar cualquier correlación con el problema en cuestión.

Fase 2: Examen físico:algunos trastornos de ansiedad pueden estar relacionados con algún problema odiscapacidad física, por lo que posiblemente se deban realizar varias pruebas en busca de evidencias definitivas. Si se descubre una enfermedad física, se deberá aplicar el tratamiento apropiado para gestionarla.

Fase 3: Asesoramiento psiquiátrico: Si las pruebas realizadas no han revelado ninguna enfermedad física, el siguiente paso es dirigir al paciente al psiquiatra, al psicólogo o a cualquier profesional especializado en salud mental. El especialista conducirá una serie de entrevistas y evaluará al paciente para que su afección sea identificada.

Durante la evaluación, el especialista realizará un diagnóstico final basado en los síntomas reportados. Normalmente, su grado estará clasificado en base a la intensidad y duración de los síntomas. También estará basado en la evaluación del especialista sobre el conjunto de comportamientos y actitudes del paciente.

Tratamiento y Gestión de Trastornos de Ansiedad

Las enfermedades mentales solían ser complicadas, pero enlos últimos años se han visto muchos avances en lo referente al tratamiento y gestión de estas afecciones. Al comienzo de este libro, se habló de los tratamientos específicos para cada afección con detalle. En esta sección vamos a explicar las diferentes categorías que tienen los tratamientos:

1. Medicación: Se puede utilizar medicación para tratar trastornos de ansiedad. Este tipo de tratamientos pueden usar medicamentos diferentes dependiendo de la afección en cuestión:

- Si la ansiedad está ocasionada por un problema físico, la medicación estará orientada a tratar esta enfermedad en concreto. Puede que también se requieran intervenciones quirúrgicas.

- Los antidepresivos, los tricíclicos, las

benzodiacepinas y los betabloqueantespueden controlar los síntomas de ansiedad ya sean físicos o mentales. Cuando es ocurrente y el paciente es incapaz de controlarlo, los medicamentos pueden ayudar.

a. Benzodiazepinas: Esta medicación es efectiva pero también es bastante adictiva y puede causar somnolencia. También hay que anotar que en un paciente geriátrico, las benzodiacepinas pueden incrementar el riesgo de desarrollar demencia. Bajo esta clasificación se encuentra el Diazepan (Valium), el Lorazepam (Ativan), el Alprazolam (Xanax) yel Clonazepam (Klonopin).

b. Tricíclicos: Más antiguos que los inhibidores selectivos de la re-captación de la serotonina (SSRIs), son efectivos para tratar trastornos de ansiedad pero pueden ocasionar sequedad de boca, somnolencia y subida de peso. Bajo esta clasificación se encuentra la Imipramina (Tofranil) y la Clomipramina (Anafranil).

c. Antidepresivos: Los antidepresivos de clase SSRI se usan para los trastornos de ansiedad. Tienen pocos efectos secundarios en comparación con otros medicamentos, aun así pueden ocasionar impotencia sexual, náuseas y nervios. Bajo esta clasificación se encuentra la Sertralina (Zoloft), el Escitalopram (Lexapro), la Paroxetina (Paxil), la Venlafaxina (Effexor), la Fluoxetina (Prozac) y el Citalopram (Celexa).

A parte de estas tres categorías, hay otros medicamentos que se usan para los trastornos de ansiedad como son los betabloqueantes.

2. Terapia Cognitivo Conductual: En TCC, el especialista trata el trastorno de ansiedad reconociendo y alterando los patrones de pensamiento del paciente, de modo que deje de ser víctima de su ansiedad.

Tiene dos fases: la fase cognitiva, que ayuda a limitar la capacidad del paciente para distorsionar los pensamientos; y la fase conductual, que trata la forma en que el paciente reacciona ante diferentes situaciones, objetos o personas. Es un tratamiento bifásico que, si funciona bien, puede enseñar a la persona a reaccionar de forma natural ante cualquier estímulo. Es un tipo de tratamiento cuyaorientación depende del tipo de trastorno. Expone los desencadenantes para que el paciente pueda enfrentarse a ellos por sí mismo.

Algunas orientaciones del TCC dependiendo del tipo de trastorno de ansiedad:

- En los pacientes que sufren ataques de pánico, se verificaráque es ataque de pánico y no un ataque al corazón.

- A los pacientes con estrés postraumático, se les hará recordar la experiencia traumática desde el confort para que puedan aprender a distanciarse de los sucesos pasados.

- Los pacientes obseso compulsivos con la limpieza serán forzados a ensuciarse por un periodo de tiempo prolongado.

3. Psicoterapia: En psicoterapia, se asesora al paciente para que explore las raíces de la causa de la ansiedad y las experiencias que las acompañan. Estas sesiones están conducidas por un especialista, ya sea un psicólogo, un psiquiatra o un trabajador social.

Algunas personas prefieren la terapia de grupo a la individual. Las terapias de grupo pueden resultar menos invasivas para algunos pacientes ya que no se verán como el centro de atención. Cuando se va en grupo, es más fácil aceptar la afección, puesto que se ve que no es un caso aislado. Además, en grupo los pacientes pueden ayudarse los unos a los otros: pueden hacer el seguimiento de los progresos de los compañeros o de su disciplina en el cumplimiento de las reglas.

4. Terapia de relajación: La terapia de

relajación o relajación aplicada es otro tratamiento psicológico usado por especialistas en trastornos de ansiedad. Este tratamiento enseña a los pacientes a relajar sus músculos, especialmente cuando están en "situación". La terapia de relajación se lleva a cabo por un especialista y las sesiones son normalmente de una hora a la semana durante tres o cuatro meses.

5. Esfuerzo personal:A veces una persona puede encontrar una solución completa o temporal a su problema sin necesitar acudir a un experto. Auto tratarse no es siempre lo más normal, pero le ha funcionado a mucha gente. Para aliviar los síntomas y estrés general, puedes seguir estos pasos:

- **Evitar el estrés:** Tienes que distanciarte de cualquier cosa que suponga una presión porque puede actuar como desencadenante de tu ansiedad. Intenta descansar lo suficiente, especialmente después de un día largo, y evita acumular trabajo tanto como puedas ya que puede impedir que te relajes y puede acarrear estrés.

- Aprende a meditar: La meditación es un verdadero arte y, si te animas a aprenderlo por tu cuenta, puedes leer libros o buscar sitios en internet que puedan ayudarte a meterte en el tema. El Yoga incorpora meditación, por lo que pues seguir algunos videos y dedicar tiempo suficiente a la meditación para reducir tus niveles de ansiedad.

- Realizar respiración abdominal regularmente: Los ejercicios de respiración son buenos para la gente que sufre trastornos de ansiedad ya que les tranquiliza en situaciones estresantes. La respiración abdominal implica respirar despacio y profundamente, asegurando traer suficiente aire a la zona del abdomen y expulsándolo progresivamente por la boca. Hay que tener en cuenta que respirar en profundidad puede ocasionar un exceso de oxígeno y, por lo tanto, mareos.

- **Práctica del pensamiento positivo:** Muchas de las personas que sufren trastornos de ansiedad tienen problemas de confianza en sí mismos o de auto estima. Se preocupan y se molestan constantemente y, para salir de este patrón de comportamiento, hay que evitar la negatividad y centrarse en aspectos positivos que puedan ser beneficiosos.

- **Confianza en alguien:** A veces no es tanto el hecho de buscar una persona que pueda corregir el problema sino el de encontrar alguien con quien hablar. Expresar y exponer las emociones ayuda a que la persona se desahogue. El poder hablar con alguien que sirva de apoyo hará que la persona deje de sentirse sola, atacada, ridiculizada o en problemas.

- **Ejercicio:** Hacer ejercicio no es solo beneficioso para alcanzar un buen estado físico sino que también es valioso al liberar endorfinas que a su vez liberan neurotransmisores que ayudan a reducir el estrés y la ansiedad de forma natural.

Hay que entender que el éxito del tratamiento va a depender de la diagnosis del tipo específico de trastorno de ansiedad. Hay diferentes tipos de trastornos que se manifiestan de formas distintas. Es importante que sean diagnosticados apropiadamente para poder aplicar el tratamiento correcto. Dependiendo de las necesidades de cada caso, podría recomendarse una combinación de los métodos descritos.

En el caso de un trastorno de ansiedad asociado a depresión, alcoholismo u otra afección, es necesario resolver éstos problemas antes de abordar los trastornos de ansiedad. Hay que deshacerse de estos problemas antes ya que podrían dificultar el tratamiento.

Prevención de Trastornos de Ansiedad

Hay que entender que aunque no se puede prevenir el desarrollo de los trastornos de ansiedad con precisión, sí que se pueden tomar medidas para reducir o controlar los síntomas.

Alimentación y bebidas: Ciertamente hay algunos alimentos y bebidas que no deberías consumir tanto si padeces de trastornos de ansiedad. Hay que suprimir o evitar sustancias con cafeína como el chocolate, bebidas energéticas, te, coca cola y café. Estas sustancias pueden tener un efecto en tu cuerpo que desencadene los síntomas por lo que será más saludable si te mantienes lejos de ellas.

Medicamentos químicos o naturales: Si bien algunos medicamentos de venta libre pueden ayudar a controlar o reducir los síntomas de la ansiedad, hay que entender que algunas sustancias pueden incrementarlos y empeorar la situación de la persona afectada.

Actividades: Hay algunas cosas que puedes hacer para prevenir la aparición y desarrollo de los síntomas. Puedes hacer ejercicio, dormir con regularidad y alejarte de las drogas y el alcohol.